Margot Weinand

AF176039

Offene Augen

Gedichte gereimt und ungereimt

FSC
www.fsc.org
MIX
Papier aus ver-
antwortungsvollen
Quellen
Paper from
responsible sources
FSC® C105338

© 2022, Margot Weinand
Herstellung und Verlag:
BoD – Books on Demand, Norderstedt
ISBN: 9783756242313

Vorwort

Unsere schnell lebende Zeit braucht Pausen, damit wir nicht den Überblick verlieren.

Gedichte geben oft Möglichkeiten Pausen zu füllen. Die Gedichte sind eine Zusammenfassung vieler Gedanken und Begegnungen aus der Vergangenheit und Gegenwart.

Schreibe überwiegend aus der Natur
Auch über Nettigkeiten am Rande.

Mein Motto:
„Für alle Momente des Lebens ein Gedicht."

Sie werden beim Lesen mein Motto erkennen.
Ich wünsche Ihnen viel Freude dabei.

Ihre Margot Weinand

Advent

Gemütlichkeit beim Kerzenschein
viele Abende oft allein.

Wer Freunde hat, die lädt man ein,
zum Kännchen Tee oder einem Wein.

Ein Weihnachtsteller mit Gebäck
Ein Bote bringt auch noch Gepäck,

Geschenk-Papier mit breiter Schleife.
Langes Warten ist kaum zu verkneifen

Kinder denken nach über den Sinn,
warum es denn Liebesgaben sind.

Bei sternklaren Nächten, weil gewohnt
Spaziergang zu zweit sich auch lohnt.

Kinder wissen in der Zeit nach dem
1.Advent ein Fest das jeder kennt.

Es kracht

Unter Krachen naht die letzte Stunde,
Leise melden sich Erinnerungen,
die erkennbar werfen tiefe Schatten,
auf die Zeit, als wir es nicht hatten

Die Gedanken, sie sind noch frei,
man denkt sich auch, so mancherlei.
Doch es ist niemals das Bestreben.
noch viel Schönes zu erleben.

Himmel Sterne und Meereswellen.
Will niemals jene Zeche prellen.
Es zeigt sich gern der Sonnenschein.
Mit offenen Augen bleibt man dabei.

plötzlich hier am Orte
im Streit fallen böse Worte
auf dem Boden war nichts zusehen
sie wurden vom Herze vergeben

Wenn die Zeit mir graut

Wenn schlechte Zeiten mir grauen.
Dann verlieren wir das Vertrauen.
Statt zu dichten oder sonst etwas tun.
Werde ich müde und will ruhen.

Die Zeiten sie ändern sich nicht
Will aus diesem Dämmerlicht
Die Erinnerung blüht je länger, je mehr
Die Zukunft scheint mir viel zu schwer

Oft wird das Leben Wunden schlagen,
dabei kommen viele Fragen,
warum soll die Zeit mir grauen.
Will nie verlieren das Vertrauen

Nichts blieb was als Süßes galt

Wobei die Trauer wurde stark,
Herz und Seele zu beschweren,
kann durch Bitteres verderben.
Ahntest dunkel kams zum Wissen.
Wolltest Bitteres gern Missen.

Der kleine Grüne in der Voliere

Ein Fremdling so ein grüner
geht drunter und drüber,
will sich nicht zum Ausflug gehen,
wohin sich die andern bewegen.

Nein, er will es allen zeigen
will immer länger noch hierbleiben
er stielt Niemanden die Schau,
er wartet auf den Freund in blau.

Los der Freiheit

Nicht vergitterte Fenster
halten mich gefangen.
Nicht Hunger und Durst
lassen mich bangen.
Ich war gebunden, bis die
Liebe mich gefunden.
Liebe rein und groß das ist
mein Freiheit Los.

Meine Gedanken bei dir

Denk an dein Lachen, das mich ansteckt.
An deinen Blick der mir zeigt,
dass du mir vertraust.
Deine Hände die mich halten wie ein
milder Sommerwind.

Möchte Sonnenstrahlen mit der Hand
dir zuwerfen,
ohne dich ist alles so leer,
mir fehlt deine Zärtlichkeit.
Nie erreicht uns Gleichgültigkeit

Schlussgedanken

Dort werden Menschen auf uns warten
Die prüfen, ob zu Worten passen Taten
Wir wurden in der Zeit reich beschenkt
Mit der Erkenntnis mehr als man denkt
Wir wollen daraus jetzt wieder lernen,
dass wir dem Kommenden folgen gerne.

Gemütliche Stunden

Am Kamin, bei gutem Wein
sparten nicht mit Zärtlichkeit
sein Blick traf ihre Augen
würde es für Beide taugen?

Sie sah bei ihm die Fragen,
die schienen ihn zu plagen.
Es glühte weiter im Kamin,
doch er kräuselte die Stirn,

Sucht das Fenster brauchte Luft,
sie folgte ihm, er spürte Duft,
ihre Augen trüb und schwach.
Kamin ist aus, es ist Nacht.

Die Zeit

Wir freuen uns immer über die Zeit
Die uns zum Leben wird gereicht
Wir füllen sie mit unseren Gaben
Und freuen uns dabei an allen Tagen.

Gemeinsame Schritte

Sie konnte kaum gehen,
und auch nicht stehen,
Schritte wurden schwer,
Hand lag fern.

Eingehakt zu gehen,
machte leichter das Reden.
Es wurde schwer,
es ging zum Kern.

Zu Hause angekommen,
beim Wort genommen,
war es wie immer.
Es wurde schlimmer.

Blieben stumm
die Zeit ging um
Sie stellten Fernseher an,

Dort sprach eine
Dame vom Band,
das blieb interessant
ganz am Rand.

Glück

Nicht Besitz der Dinge bedeutet Glück.
Hast du es einmal gefunden halte fest
denn hat es dich verlassen kommt es
selten zurück.

Blick zurück

Es geschah in langen Jahren
wurde alles zusammengetragen.
Wir freuten uns, dass es so war
Liebe hält jung, Liebe wird klar.

Gefühl das unbeschreiblich ist,
Augenblicke die man nie vergißt
Erlebnis das ein Herz berührt,
aus dem Alltag dich entführt.

Erinnerungen schöner Zeiten,
sind die großen Kostbarkeiten.
großes Glück auf Händen tragen,
immer neue Schritte wagen.

Beobachtung im Juli

Beobachte Spatzen, wie sie im Efeu
tummeln
auch die Insekten die alle rummeln.

Lausch den Fröschen, die quaken am Teich.
Meine Sinne erleben die Sommerzeit

Eichhörnchen springen bis zur Spitze
schnell und spüren kein schwitzen.

Sie rennen und springen in einer Tour
von oben ruft einer, wo bleibt ihr nur.

Es ist schön, das Leben mit den Tieren
können es schneller, laufen auf vieren.

Sie halten nichts vom Stress,
und lieben die Freude.
Und wollen dies immer und ewig den
Menschen bezeugen

Bunte Töne malen

Möchte gerne bunte Töne malen
im Garten den Blühten sich nahen
dort ist die Lerche, die von Liebe singt
uns alle dabei in gute Stimmung bringt.

Frühling: „habe mich nach dir gesehnt"
Stunden unter der Sonne ausgedehnt".
Frühjahr, der Anfang nach Winterzeit,
weckt die Natur sieht keinen Reif.

Vögel und Bienen Klänge lauer Nächte
noch mehr, Was ich sonst so dächte
mein Herz freut sich über frühe Zeit.
Das überall ihr blaues Band jetzt zeigt

Sonne geht auf

Gleich nach der Morgendämmerung
der Mond er will verblassen
der Sonnenaufgang beginnt sacht
Efeuranken wählen ihren Lauf

An den knöchernen Ästen

Der aufräumende Herbst macht Platz
für den Winter mit Schnee.
der Frühling freut sich, denn er grüßt
dann wieder mit grünem Klee.

Auf Flügeln

Auf weit gespannten Flügeln
fand ich im Traum viele Blüten
in wunderschönen Farben
sich im Sonnenlicht begaben
dieser Traum flog weiter
das Wetter blieb dabei heiter

Eine Sicht des Gedichts

Jedes Gedicht hat eine eigene Sicht
auch hat jeder Leser dazu seine Sicht
die kein anderer kennt und auch nennt

Glück heißt

Wenn die eigene Schiene getroffen
man findet dann schnell und offen.
die richtige Spur und richtige Sicht
So hat dann jedes Gedicht Zuversicht

Herbst

Blätter liegen auf den Wegen
Dieses wird vom Wind erledigt
Der Sommer hat nach seiner Zeit
Erst eingerollt, dann eingekreist

Getroffen von Warmen Strahlen
Will der Herbst die Blätter malen.
Sie segeln dann auf den Boden.
Um mit der Zeit dann zu maroden.

Winter wird den Herbst verdrängen.
Den Kreislauf dann durchschlängen
Er wandelt seinen steten Lauf
Die Zeit vergeht, ich wandle auch.

Alf mein treuer Freund

Alf mein Freund ist treu
Aufmerksam und scheu
Schmust immer leise
Mit dem Körper weise
Den Kopf in meinem Arm
Hält mich damit warm

Braun sind seine Augen
Möchte ihnen glauben
Mit staunendem Blick
Versucht er seinen Trick
Will bei Spaziergängen
Niemanden bedrängen
Voll Freude und Schwung
Kommt schnell sein Sprung.

Das war Alf meine Dogge,
bis dass sein Tod uns trennte

Mitarbeiter Gottes

Menschen von Gott gebraucht,
deren Namen nicht verraucht
Gott beruft Menschen zum Dienen
Ihre Namen sind aufgeschrieben.

Barnabas ist uns aufgezeigt
Als Insulaner ist er gereist
Mit Paulus diente er der Gemeinde
Wegen Heimweh, endete die Reise

Johannes Markus Barnabas Neffe
Suchte als Junge Jesus zu treffen
Wollte für Jesus die völlige Hingabe
Vergas die Kosten zu überschlagen.

Augenblicksglück

Täglich übe ich die Gegenwart
Probe den Augenblick
Bin meistens weit voraus
Manchmal gelingt die Übung

Pflegt, was euch gegeben

Stärkt die Gesundheit und
liebt eure Herzen.
Es schenkt Kraft zur Freude und Humor
zu scherzen.

Schenkt euch Zeiten in
Gesprächen zu erzählen.
Es ergeben Momente der
Freude die nie Quälen,
nehmet einander an, lasst nichts
ungenutzt im Raum
nutzt Möglichkeiten in der Familie
etwas auszubauen.

Habt Mut, dass Ihr alles
Miteinander besprecht.
So finden sich Lösungen,
die dann allen zum Recht.
Danke Gott unserm HERRN; denn
ER macht uns bekannt.
ER führt dich sicher vertrau IHM ganz.

Freude zur Singkreis Gruppe

Klavier Gitarre und Flöten das waren
die Instrumente,
Seniorenstimmen brachten oft ein
Ständchen.
Ohne Pause immer mittwochs, das war
die Zeit.
Die allen Sängerinnen zur Freude
gereicht.

Zur Begleitung hatte man oft Menschen
gefunden.
Die bereit waren, mittwochs für eine
Stunde.
In diesem Jahr ist Trauer eingekehrt.
Einem Bewohner dessen Begleitung
hatte Wert.

Zu seinem Gedenken sollte sein
Wunschlied erklingen.
Wir haben versucht a Cappella hier
danke der Dame sie spielt noch Klavier

Das Team das jetzt mit uns singt

Fünf Frauen dies Wunder vollbringt
Ein Ehrenamt ist das Ganze sowieso
Sie helfen im Haus auch anderswo.

Bring und Holen am Wochenende.
Mancher Dienst mit Kopf und Hände.
Zum Singkreis sie abzuholen.

Zur Pause die Geschichte wir lesen.
Wir danken allen im flotten Team.
Für beispielhafte Treue, das ist legitim

haben unsere 70 bis 90 Jahre im Blick
Aus Liebe zu Singen sind wir geschickt
Wohl auf in Gottes schöner Welt,
die Luft ist blau und schön das Feld

Rügen

Getreide/ Mohn weit das Auge reicht
Sonne hat einzelne ausgebleicht
der starke Sturm streift darüber
bleiben zusammen Wind treibt trüber
von Bäumen klingen Vogelstimmen.
Rauschen des Wassers keine Stille.

Man weiß, so lebt man auf Rügen.
Der Bauer er wird später pflügen.
Auf dieser Insel lebt man im Winter.
An kurzen Tagen wird's früh finster
Luft und Wind wehen den Kopf frei,
abends auf Rügen ist man nie allein.

Inselklima schenkt stets frische Luft
menschenleere Strände bieten Ruh
Stress kann man hinter sich lassen.
Im Hafen wird ein Schiff s angelassen
Sturm eiskalte Luft und weite Sicht
klares Wetter nützt gelegentlich
die Touristen   warten auf die Zeit.
Mohn im Getreide sich wieder zeigt

Schloss Moyland

Warum steht sie da?
Menschengehen an ihr vorbei
würde gern ihr Gesicht und in ihre Augen
sehen. trau mich nicht.

Warum ist sie allein. Ihr Blick sieht nach
vorn auf das Wasser.
Sie hat eine wartende Haltung,
er wird kommen.
Was um sie herum passiert
interessiert sie nicht.

Die Gärtner legen neue Beete an.
Den Wind, der um ihren Rock weht,
nimmt sie nicht wahr.

Ihr glattes langes Haar bedeckt den
Nacken.
Vom weitem schlägt die Kirchturmuhr. Ich
habe die Schläge nicht gezählt.

Sie wartet auf ihre Zeit. Es ist Ihre Zeit,
denn diese Zeit gehört ihnen.

Eine Seiltänzerin

Sah sie, doch zwischen mir und ihr
fast unsichtbar, so schien es mir,
ein Seil, ganz straff gespannt,
von der Sonne fast verbrannt

Sie wirkte einfach schwerelos
als sei es für sie fehlerlos

schier tanzend über dieses Seil
schuf Josef Jäckel vor der Zeit
die Begegnung dient Applaus
unser Ausflug ist jetzt aus.

Steine

Sammle Steine, habe vieles erkannt.
Nichts wird so alt wie Steine.
Im Fluss, wo sie abgespült und wieder
bewachsen verbinden sie sich mit Moos
und untrennbaren Felsmuscheln. Steine,
die besonders schön nehme ich zu
meiner Sammlung.

Sonnenstrahlen

Trockne ab auf allen Wegen
überall den alten Regen
Liebe Sonne lass dich sehen,
dass die Kinder spielen gehen.

Süßer Ton

Wenn im Sommer der rote Mohn
wieder blüht im gelben Korn
Kornblumen blau von weitem schon hört
man des Finkens süßen Ton.

Alles blüht

Rings Blüten nur und Triebe
Halme voller Segen schwer
Dir als zöge dir die Liebe
des Weges hinterher.

Guter Rat

An einem schönen Sommermorgen
nimmt man gern den Wanderstab
es fallen dabei dann alle Sorgen
wie Morgennebel von Dir ab.

Des Himmels neue Bläue
lacht dir hell ins Herz hinein
Sie gießt wie Gottes Treue
mit seinem Dach dann ein

Sternstunden

Es sind die Sternstunden,
die im Leben
unvergessen bleiben
ich sammle sie
es sind mehr als ich dachte

Augen Wandern

Augen wandern zum grünen Rasen
rotes Blatt vom Wind geblasen
kleiner Vogel großer Sprung
hält im Schnabel einen Wurm

Schwarzer Vogel auf Wiese pickt
großes Korn mit schwerem Gewicht.
Vogelwelt heiliges Durcheinander
Ihre Augen sie durchwandern.

Offene Fragen

Viele Fragen blieben offen,
warum wurde Glück zerbrochen
wozu ist manch Böses mächtig,
wer betroffen spürt es heftig

warum so viel Ungerechtigkeit
und viel Leid in kurzer Zeit.
Warum so oft lebt das Betrügen
statt sich in der Wahrheit üben

Austausch

Werfe die Gedanken hinter mich,
will frei sein.
Sie sollen mich nicht bedrängen,
habe geglaubt es ging so weiter,
nein es sind neue Gedanken, die bei mir
bleiben-.

Ein neuer Tag

Jeder neue Tag verspricht,
Hilfe bei geschenktem Licht.
Neu ein Tag der es schafft,
zuführt dann auch uns die Kraft.

Der die Sorgen schnell vertreibt,
damit Freude bei uns bleibt.
Immer wieder kommt ein Abend,
an dem Freunde sind geladen.

Zeiten vieler Möglichkeiten

Es gibt Zeiten, da möchte ich
reisen oder feiern.
Es gibt Zeiten, da möchte ich
lesen oder schreiben.
Es gibt Zeiten, da fühl ich
mich fremd unter Freunden.
So ist das Leben, einmal nichts
und einmal alle

Schwarze Wolken

Sie gehen bei untergehender Sonne
am Ufer entlang, die Dunkelheit bangt.
Versteckt hinter falschen Wolken.
wo die kleinen Sterne grollten.

verdunkeltem Mond und Stern,
leichtplätschernde Wellen
suchen Stille im Kern,
finden den Weg und gehen übern Steg

Aus den Wolken

Fall aus allen Wolken
herrlich blau der Himmel
soweit der Blich auch reicht.
Irgendwann fühle ich
Erde unter den Füßen.

Trügerisch

Kann wieder nicht schlafen,
in mir sind noch die Fragen.
Gehe auf den Balkon einfach bloß,
die Fragen werde ich los.

Gehe dann zurück in mein Bett
die Fragen sie sind weg.
Schlafe welch ein Glück.
Fragen kamen als Sorgen zurück.

Freu mich an dem Fall

Zieh mich zurück eine Weile,
freu mich an der großen Weite,
komme aus dem Alltags Trott,
werfe mich in die Tiefe flott.

Meine Gedanken werden still,
weil ich in die Ferne will.
Nehme dann den Atem wahr,
ich freu mich auf das nächste Jahr.
sie schläft noch wehret sich sacht
es wird hell und vorbei ist die Nacht

Jetzt sind sie nicht mehr so still,
die schwülen Nächte im April
es ist mit neuem Uhren-Schlag
ein schöner lichter neuer Tag
der einsame Vogel ist nicht allein
er schaut sich um und bau sich ein.

Auf der Alb

Auf der Alb ist ein jeder stolz
die Wälder spenden reichlich Holz
nicht nur das, für warme Stuben
Landwirte auch mal tiefer gruben
wir freuen uns in froher Runde
Gemeinsamkeit für einige Stunden.

Wir freuen uns, dass wir uns haben
dazu dann auch die reichen Gaben.
Uns freut auch diese Nachbarschaft.
Nur zum Sprechen wird es geschafft.
Wir wollen einander immer helfen,
wer richtig anpackt, der schafft Welten.

Es geht weiter manch schönes Jahr
nicht erreichbar und doch ganz nah
fühl ich mich, wie ein Blatt im Wind
Tage werden schwer geschwind.
Nicht Zufall oder gar Geist der Zeit.
Gott ist es, der seine Spuren zeigt.

Vita

1933 in Essen geboren
1939 Einschulung in Essen
1947 Schulpflicht 8. Klasse beendet
1947 soziales Pflichtjahr
1948 Lehre Kaisers Kaffee
1951 Abschluß Kaufmannsgehilfe
1952 Weiterbildung Handelsschule
1953 Steno und Schreibmaschine
1958 Berufstätig als Kontoristin
1958 Selbständigkeit im Einzelhandel
1965 Heirat
1970 Berufsbegleitende Weiterbild.
   als Erzieherin.
1973 Berufung in die Jugendhilfe
   nach interner Weiterbildung
1986 Berufung als Heimleiterin
1988 Ruhestand, seit dieser Zeit
   schreibe ich
2003 Mitglied im Autorenkreis
2012 Witwe unsere zwei Kinder sind
   verheiratet habe drei
   Enkelkinder
2019 wohne ich im Matthias
   Jorissenhaus, in Neukirchen-Vluyn